社会人、この一冊から

鶴見大学学生支援事務部
キャリア支援課
西村勇気

目　　次

はじめに

　近年はインターンシップが盛んになり、会社等で就業体験をする学生も増えていますが、期間も限られ、その言葉通り仕事を体験するまでとなります。就職活動で会社説明会に参加して内定を得たとしても、新入社員（本書では入社3年までを想定）として働き始めたその先のことは想像しづらいものです。

　『就活、この一冊から』（青簡舎、2016年発行）では学生生活の経験がどのように社会人生活につながるかをお伝えしました。一方、本書では本学に来課する人事採用担当や本学卒業生からの情報をまとめ、就職活動の会社説明会では聞くことが少ない新入社員の抱える悩みや同僚との関係性に焦点を合わせました。

　社会人は学生時代のアルバイトとは違い、大きな責任を抱えます。そのため、働き始めると就職活動のときには想像しなかった様々な場面に出会います。本学でもその場面に順応できず離職してしまう卒業生も増えています。そのような背景から入社後に起きる場面を具体的に解説し、精神的にも負荷のかかる新入社員時代を低空飛行ながらも乗り切り、社会人として活躍できる一助として本書を発行しました。

　また、本学には年間200社を超える会社が来課され、求人情報の提供に加え、新入社員の課題点やその原因について情報交換をしています。働き始めた多くの本学卒業生も仕事の悩みなどを相談するために来課しています。各章で紹介されている〈CASE〉（事例）はそのような新入社員（社会人）の抱える問題点を登場人物を交えフィクションとしてまとめています。

　本書を通じてこれから社会人になる学生の方々には入社後、どのようなこ

とが起きるのかをイメージしていただき、また、既に新入社員として働いている方々には現在職場で抱えている課題点を少しでも解消するきっかけになれば幸いです。

第1章 仕事で求められることは?

◎相手の気持ちを理解する

「仕事で求められることは何ですか?」学生からこのような質問をされることがあります。「パソコンスキルですか?」「巧みな話術ですか?」……。仕事は主に「社員とお客様」、「社員と社員」の関係で成り立っており、自分一人で完結できるものではありません。仕事に求められることは多くありますが、その関係性で求められることは相手の気持ちを理解することです。

例えばお客様を接客するときは、どのような商品に興味があり、予算の上限はいくらなのかを考えなくてはいけません。また、会社の企画書や予算書などすべての資料は上司や同僚が読みやすいように要点を絞り、伝える項目の優先順位なども考えて作成されます。新入社員が最初に担当するコピー用紙や文具の発注も何気ない仕事に感じますが、「いつでも先輩(相手)や同僚が仕事をしやすいように」という目的があります。

「相手は何を求めている?」その繰り返しです

お客様から発注の電話がかかってくる、上司から資料の作成を依頼される、営業で商品の説明をする、これらすべては相手が求めていることです。その求めていることと異なる対応をした場合には仕事が進まなかったり、お客様からのクレームにつながったりします。上記でもお伝えしましたが、資格や技術を持っていても、相手の求めていることを理解していないとその能力を生かすこともできません。

「会社は何を求めている？」仕事理解も大切です

　新入社員は仕事を始めたときに「こんなお客へのお礼状、必要なのかなぁ？」「こんな営業の方法でお客は喜ぶのかなぁ？」と思うこともあるでしょう。その会社にはお客様との長年のお付き合いの中で培ってきた接客対応や営業方針、新入社員が知り得ないお客様の特徴があります。疑問が出たときは先輩に質問してみましょう。新入社員は経験が浅いわりに自分の判断で仕事を進めてしまうこともあるので、これまでの経緯を理解するためにも質問力を鍛えておくと良いでしょう。

　一方、長年働いているベテラン社員はこれまでの仕事方法に慣れてしまっていて、考え方が日常業務にとらわれることもあります。新入社員の発想で新しい技術を取り入れ、成長する会社もたくさんありますので、お客様目線に近い新入社員にしか気付けない感覚も大切にすると良いですね。

〈CASE〉

　オフィス家具を扱う会社で営業をしているAさん、いつもお世話になっているお客様から電話をもらった。「事務所が移転することになって、デスクやキャビネットが必要になったんだけど一度会えるかなぁ？」

　Aさんはお客様と面会のアポイントを取り訪問をした。営業も3年目となり商品知識は身に付いており、どんなお客様の困りごとにも役に立てる自信があった。

　お客様との面会を終え移転先で必要となる什器の個数も確認し、予算に応じて適切な商品を提案することもできた。その後、見積書（商品などの金額を事前にお客様に提示するための書類）の作成に取り掛かったAさんは商品の数量が多く完成まで時間を要した。さらに、その当時は年度末であり、複数の会社からも事務所移転に関する仕事が入っていた。

　見積書が完成し、Aさんは面会のアポイントを取るためにお客様に電話をした。そうすると「いや、もう見積書はいらないよ」と突然いわれてし

まった。実はそのお客様は A さんに見積書を依頼する前から複数社より見積書をもらっており、A さんの会社は最後の 1 社として依頼していた。A さんからの見積書を待っていたが事務所の移転期限も迫っており、その複数社のうちの 1 社と契約を済ませていた。

〈解説〉
　A さんは見積書の提出期限を確認しませんでした。依頼を受けたときや訪問したときに相手が求めていることを正確に理解していればこのようなことは起きなかったのでしょう。商品知識や巧みな話術だけでは契約までたどり着けないのです。

〈まとめ〉
・仕事では相手の気持ちを理解することが求められます。
・会社が社員に求めていることを理解しましょう。
・仕事内容に疑問が出たら先輩に質問しましょう。

◎社員と社員の連携

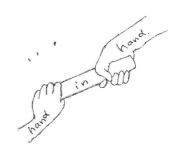

　会社には仕事の種類によって部署が構成されており、それぞれの部署が会社の理念や経営方針に沿って目標達成を目指しています。また、複数の社員が役割を持ち連携をしながら仕事を進めています。社員それぞれが好き勝手に仕事をしているわけではありません。
　学生のイメージではビッグプロジェクトを実現することが会社の発展につ

ながると思いがちですが、小さなプロジェクトのつながりがビッグプロジェクトを支えています。さらにいえば、身近な社員同士の数えきれない連携が会社の推進力になっています。

意思疎通が求められます

　会社では社員同士でお客様の情報を大切に共有しています。その情報を検証、改善して「相手は何を求めている？」の答えを常に考えています。

　「報・連・相（ほうれんそう）」という言葉を聞いたことがあると思います。社会人は社員同士で報告（依頼された仕事の状況報告をすること）、連絡（情報を知らせること）、相談（物事を決定するときに他の人に意見を聞くこと）を繰り返し情報を共有しています。これは「相手の気持ちを理解する」を原点とした社会人として必ず求められることです。また、同じ部署の社員に限らず営業職、事務職など異なる職種の社員と意思疎通を図りお客様の希望を叶えます。

　社員同士の意思疎通を怠ると1日で済む仕事が1ヶ月かかることもあります。「自分だけ仕事ができれば良い」、「同僚の仕事には興味がない」という考え方では社会人といえません。

責任の重さがあります

　学生時代のアルバイトでは限られた仕事を任される一方、社会人になると数多くの社員やお客様と仕事を進めます。社員一人の行動がお客様との信頼構築や会社の利益に大きく影響します。

　近年ではSNSの普及により軽はずみな行動で会社に損害を与えてしまう社会人も増えています。

　また、社会人は仕事を途中で投げ出すことはできませんので、体調管理にも気を付けてお客様と向き合っています。

〈CASE〉

　学習塾の総務課で働くBさんは上司から自社ホームページの全面リニューアルの仕事を任された。競合他社もホームページの画面を見やすく改善することで入会生徒数を伸ばしていた。

　Bさんは複数の広告会社と面会し見積書を提出してもらうこととした。その中で、ある広告会社の提案内容がBさんの目に留まった。この提案内容であれば問題ないだろうと上司に報告せず、その広告会社と面会を重ね具体的な製作日程やコンテンツ内容を考え始めた。広告会社を決定する会議が近くなり、Bさんは進捗状況を上司に報告した。

　その上司は具体的に話しが進んでいることなど知らず、会議の直前でBさんから報告を受けた1社だけの見積書を確認することとなった。その見積書は上司が想定していた予算を遥かに上回り、他社の見積金額と比較することもできなかった。結局、その会議では依頼する広告会社を決定することができず、その後、ホームページのリニューアルも取り止めることとなった。

〈解説〉

　上司から仕事を任されたBさんは、自分の仕事の進捗を上司に伝えませんでした。進捗の報告があれば上司もその状況を修正できたかもしれません。また、上司に相談することなく自分の判断で見積書を依頼する企業を限定してしまいました。社員同士の連携が不足するとすれ違いが起きてしまい、目標にたどり着けなくなります。この場面は相手（上司）が何を求めているかを考えるべきでした。

〈まとめ〉

・社員と社員の連携で仕事が成り立ちます。
・数えきれない社員同士の連携がビッグプロジェクトを支えています。
・「報・連・相（ほうれんそう）」は社会人として必ず求められます。

◎人とのつながり

　働いていると様々な人（お客様や同僚のほか面識のない関係者を含む）に支えられていることに気付きます。その関係する人たちと仕事を進める中で、お客様や同僚と信頼関係を築くことで商品の購入につながったり、新しい仕事を任せてもらえたりします。どんなに仕事の技術があっても、"人とのつながり"がなければお客様との契約には至りません。また、巧みな話術を持っていても、相手の要求と異なる対応をしたり、待ち合わせに遅れるなど信頼を損ねるとライバル会社に仕事が移ってしまいます。

　特に課長や部長などの管理職として仕事を進めるときは自社のみならず同業他社の動向や社会情勢、法律などの情報を把握することが求められます。同時にその情報を常に収集できるように他部署社員との連携も求められます。仕事の目標達成のためにはそのような"人とのつながり"が重要となります。

大きく成長するときが来る

　働いていると自分の経験や能力を上回る仕事を任されることがあります。上記でも述べましたが、ベテラン社員になればなるほど"人とのつながり"が求められます。日頃接点のあるお客様や同僚と相手を理解しようという姿

勢で接している社会人は"人とのつながり"が自然と増え、ピンチやチャンスが訪れたときにもその人たちに助けられ、いつの日か社会人として大きく成長するときが来るでしょう。

〈CASE〉

　建設現場で使用するクレーンなどの建機をレンタルする会社に勤める入社3年目のCさん、あるとき、お客様である建設会社社員（現場監督）から「納品されるはずのクレーンが届かないんだけど…」と電話をもらった。Cさんの会社がクレーンの輸送を委託した物流会社が納品日程を間違えたことが原因であった。すぐさま現場に向かったCさんは現場監督に直接事情を話し、物流会社との連絡が不足していたことを謝罪し、後日クレーンが納品された後も週に1度は現状を確認し、現場監督と会話を重ねた。その誠実な態度に感心した現場監督は数年後の大きなマンション工事で再びCさんに建機の発注をした。

〈解説〉

　誠実に相手の気持ちを思ったCさんは直接お詫びに行こうと考えました。

　直接お詫びする怖さはありますが、お客様の心情と真摯に向き合うことで一定の誠意が伝わったのでしょう。しかし、同じケースでもメールだけでお詫びを済ませるなど異なった対応をした場合にはお客様との信頼を損ねます。問題が起きたときこそ「相手の気持ちを理解する」ことが求められます。

〈まとめ〉

・管理職になれば他部署との連携がさらに求められます。

・「相手の気持ちを理解する」ことが"人とのつながり"を深めます。

・"人とのつながり"が"将来のあなた"を救います。

・問題が起きたときこそ「相手の気持ちを理解する」ことが求められます。

第2章　仕事のやりがいとは？

◎相手の希望が実現できたとき

　やりがいとは何か？社会人はそれぞれ働く価値観が異なるので、決まった答えはありません。また、大半の新入社員は手探りで仕事を始め、どの部分がやりがいなのか理解できないでしょう。

　相手の気持ちを理解してお客様や同僚と接し、求められたことが実現できると、自分の役割にも改めて気付き、人の役に立ったという実感が高まるでしょう。現場社員をよく知る人事採用担当や社会人となった本学卒業生はお客様や同僚から感謝された場面がやりがいを感じる瞬間であると話しています。

新たな自分を発見する楽しさもあります

　社会人は自分にとって得意な仕事やそうでない仕事を担当し、お客様や上司から感謝されたり、叱られたり、またはこれまで見たことのない世界を知ることもあります。その繰り返しの中で、これまで気付かなかった新たな自分（価値観）を発見し、それが仕事のやりがいにつながることもあります。その新たな気付きを得て資格取得を目指したり、転職をする社会人もいます。働き始めると苦労が絶えないのですが、せっかく「人生そのもの」といえる社会人生活を始めるのですから、その発見を楽しみにして働く中でたくさんのやりがいを見つけて欲しいと思います。

〈まとめ〉
・相手の希望が実現できたときにやりがいが生まれる。
・新たな自分（価値観）を発見する楽しさもあります。

◎同僚と仕事をやり遂げた達成感

　就職活動のエントリーシートや面接試験では自分がその会社で実現したいこと（志望動機）を人事採用担当に伝えます。その際、ほとんどの就活生は自分の力だけでやり遂げる仕事を想定しています。会社では社員一人に与えられる仕事は全体の業務からすればとても小さな範囲です。その小さな範囲（社員）が集まり部署となり、その部署が集まり会社となります。就職活動では「自分とお客様」の関係性で志望先のやりがいを考えがちですが、どの会社に入社しても仕事は一人で完決できるものではなく、社員同志の連携で進められています。

　そのようなことから、社員それぞれの力を合わせて達成した喜びも社会人としてのやりがいとなります。その仕事の中には自分一人では達成できない

大きな仕事もあるでしょう。また、不安でいっぱいの新入社員時代にその達成感に救われ、離職せずに仕事を続けた本学卒業生もいました。

　社会人になると「仕事で失敗することが怖い」と思う学生もいますが、ベテラン社員も失敗をします。各社員は支え合いながら仕事を前に進めています。その支え合いや連携に求められることは多くありますが、原点は前章でも述べた「相手の気持ちを理解する」ことです。

〈CASE〉

　大型外食チェーン店で副店長を勤める入社5年目のDさん、現場での実績を評価され、全店舗で取り扱う牛肉の買付けに同行するよう本社から指示があった。買付け先の牧場は南米のウルグアイであった。Dさんは新婚旅行以来2回目の海外渡航であり、ましてや日本の反対側にあるウルグアイは初めての国であった。店舗で勤務しているDさんは、日頃交流が少ない本社の総務部や各店舗の社員と一緒に仕事をすることとなり、嬉しいながらも、「自分は役に立てるのだろうか？」と不安を抱えていた。

　現地では買い付先との交渉担当としてスペイン語（通訳）ができる社員、牛肉について専門的な知識を持った社員、お客様の気持ちを良く知るDさんのような店舗勤務の社員など総勢20名がそれぞれの強みを武器に交渉に挑んだ。交渉は困難を極めたが、契約まで至ることができ、Dさんは自分の経験したことのない仕事に従事できたこと、同僚を助け合いながら自分の強みも発揮できたことにやりがいを感じることができた。

〈解説〉

　この事例では、短期的な仕事でしたが、各社員が役割を与えられ同じ目標に向かいました。自分一人では交渉を進められませんが、社員それぞれが役割を持ち、その力を合わせることで契約まで至ることができました。目標達成までのプロセスで小さな達成感を積み重ねると、それが少しずつ自信にも

つながります。そして自分に自信ができると仕事全般にやりがいを感じることができ、些細なことでの離職の確率も低くなります。

〈まとめ〉

・社員一人に与えられる仕事は全体の業務からすれば小さな範囲です。

・同僚と仕事をやり遂げた達成感もやりがいとなります。

・ベテラン社員も失敗をします。社員同士で支え合い仕事をしています。

◎会社にはたくさんの部署がある

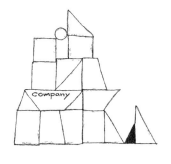

　会社では、社員の入退職や支店の規模拡大、縮小などにより、部署異動（所属している部署が変わること）が行われることがあります。当然ですが、部署異動で大きく仕事環境が変わります。その異動先の部署で思いもかけず自分の興味関心につながる仕事に出会うこともあります。

　学生の頃、弁護士になりたかった人は総務課で会社の規程集に携わったり、人事課の各種法令に基づいた仕事に関わることでやりがいを感じることもあります。また、学校の先生になりたかった人は会社の広報担当として自社商品を分かりやすく説明する、または人事採用担当として就活生の前で会社説明をする、社員の研修を担当するなどがあります。

　部署異動は原則会社が決定しますので誰もが希望すれば叶うものではありません。上記はあくまで参考例としてお伝えしました。

　仕事に悩みを抱えた社員が部署異動を経験し、新たな目標を見つけること

もありますので、仕事に行き詰まり、転職を考えるほどの状況になったときには、上司に相談してみることも一つの方法でしょう。

〈CASE〉

　機構部品を扱う専門商社の事務職として8年目のEさんは学生時代に歴史を学び、将来は研究者になりたいと考えるほどであった。しかし、Eさんは悩んだ末、研究者の道を諦め、就職活動を始めた。自分が興味のある歴史書を扱う出版社など多くの会社に挑戦したが、なかなか内定を得ることができなかった。

　Eさんは最終的に志望度の低かった今の会社に内定をもらった。入社後は経理課へ配属されたため、営業の社員が契約した商品の請求書処理や社内の備品購入、自社建物の修繕費の支払いなどを担当した。

　あるとき、Eさんは広報課に部署異動となった。

　広報課は漠然と「忙しそうだなぁ」というイメージがあるくらいで自分の興味関心に触れる仕事とは思っていなかった。

　しかし、Eさんは広報課で大きなやりがいを感じることとなった。

　広報課では社内誌の製作を担当した。社内誌の内容は、現場で働く社員にインタビューをして記事にするものであった。学生時代のEさんが歴史に興味を持った背景には当時の人たちがどのようなことを思い日常を過ごしていたのか、それが現代の人とはそれほど変化がないことの面白さに関心があった。つまり、人の感情に触れることに興味があり、社員の商品開発にかける思いを社内誌として発信することはEさんのやりがいに値する仕事であった。また、昔から読書が大好きであったEさんは、社内誌であるが、表紙作成やレイアウト構成など書籍（社内誌）ができあがるまでの工程を経験でき、さらにやりがいを深めることとなった。

〈解説〉

　部署異動により、E さんのように新たなやりがいを見つけることもあります。（その反対もありますが…）部署異動がなくても担当業務が変更になることで同様のことが起きる場合もあります。新入社員は目の前の仕事で精一杯ですが、入社後は、その会社にどんな部署があり、それぞれの社員がどんなやりがいを持っているかを知ることも大切です。将来、その会社でやってみたい仕事に出会うかもしれません。

〈まとめ〉

・会社には部署異動があります。（会社による）
・自分の興味関心につながる部署に出会うこともある。

第3章　社会人としての心構え

◎謙虚に学ぶ姿勢で

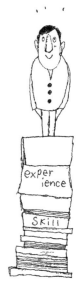

　苦労を重ね社会人として仕事の経験が増えてくると、少しずつ自信がついてきます。これは一例ですが、その自信が過信になってしまうこともあります。後輩を必要以上に厳しく指導するなど相手の気持ちを理解できなくなる場合もあります。新入社員のときには「あんな上司になりたくないなぁ」と愚痴をいっていた社員が気付いたときには全く同じ上司になっていることもあります。部下や同僚はその人に対して「あなたはおかしいですよ」といってくれないのです。

　自分の個性を消して仕事をして欲しいわけではありませんが、社会に出ると「自分の知らない自分」が存在します。若手社員であってもベテラン社員であっても「謙虚に学ぶ姿勢」で日常を過ごすことで自然と協力者（お客様）が増えていきます。

感謝の心を忘れずに

　日頃お客様や同僚との接点を大切にしている社員は「またあの人に発注をしよう、助けてあげよう」、「あの人であればきっとやってくれる」、「あいつなら管理職を任せられる」など"人とのつながり"を深めます。個人の能力も大切ですが、仕事は様々な人たちに支えられていますので常に感謝の心を忘れず仕事に従事することは大切です。

　また、自分の価値観を広げたり学ぼうという姿勢、相手の怒りに耳を傾けることは協力者（お客様）を増やすきっかけとなり仕事が円滑に進むことも多いです。もしパソコンの能力に不安があれば「謙虚に学ぶ姿勢」で働きながら知識を身に付けていけば良いのです。社会人生活は忙しそうに感じますが、日々の意識の持ち方で学ぶ時間は十分にあります。

　近年、新卒社員に求められる人材は変化しつつあります。これまでの年功序列の働き方が徐々に崩れ社会情勢の変化をとらえ、行動できる人材が求められるようになります。しかし、自分の仕事範囲や能力は限られており、社会の中ではごく一部に過ぎませんので「謙虚に学ぶ姿勢」や「相手を理解する気持ち」を常に持ち社会に求められる人材になって欲しいです。

〈まとめ〉
・どんなに経験を積んでも「謙虚に学ぶ姿勢」を持ちましょう。
・仕事の経験を積むと自信がつく一方で過信になることも
・常にお客様や同僚に支えられています。
・感謝の心を忘れず仕事に従事する。

◎みんな悩みます

　新入社員のころは将来の自分の社会人像に近づこうと大きな期待をします。就職活動を経て、ようやくたどりついた大舞台、胸を躍らせ入社式を迎えることでしょう。ところが入社すると、

就職活動で一生懸命ノートにまとめてきた企業研究や先輩社員の話（会社説明会等）のどこを探しても出てこなかった仕事（場面）が次々と現れます。加えて上司や同僚にも気を遣い新入社員は入社したときから身も心も消耗して家路につきます。

　「こういう仕事をしたかったわけではない」、「こんな会社とは思っていなかった」と会社と自分にギャップが生まれる新入社員もいるでしょう。そしてこの悩みは自分だけであると感じ、他の会社に就職した同級生がうらやましく感じます。しかし、このことはどんな会社に入社しても新入社員に起こりうることです。

　うらやましく感じるその同級生も会社へのギャップや悩みを同様に抱えているものです。

新入社員だけでなくベテラン社員も悩みます

　これまで伝えてきたことは決して新入社員だけの話ではありません。ベテラン社員も部署異動などで「自分に合わない仕事」を担当したり、管理職となり上司と部下の間に挟まれ精神的に消耗することもあるでしょう。社会人になるとどんな年代、役職であっても悩みと向き合う場面が訪れるということです。

〈まとめ〉
・どんな社会人も同じ悩みを抱えます。
・新入社員だけでなくベテラン社員も悩みを抱えます。

◎新しい仕事環境を前向きに

　社会人になると常に新しい仕事環境に遭遇します。新人社員であってもベテラン社員であっても同じです。部署異動や営業エリアの変更、社内システムの新規導入、突発的なトラブルや社会情勢の変化など様々です。それはどこの会社に入社しても起こりうることと覚悟しましょう。

　これまで経験のない仕事を担当する、または部署異動で全く知らない社員と仕事をすることは、精神的にも負荷がかかりますが、自分が"成長するとき"でもあります。そのような場面で培った人間関係や経験は新しい興味への気付きや仕事へのやりがいにもつながります。転勤で遠い場所で暮らしたとしても、その土地に住む人たちの人間性や風土、その支店の仕事の進め方などを知る機会となり、近い将来で販売促進などの営業戦略を任せられる立場になればその経験も役立つでしょう。つまり、もれなく"将来のあなた"を救うことにつながります。新しい仕事環境に遭遇することは会社で働いている以上避けては通れないので、いずれ経験する、または転職しても同様に経験すると思えばむしろ有難い経験と前向きに捉えることができるでしょう。

〈まとめ〉
・社会人は常に新しい仕事環境に遭遇します。（転職しても同じ）
・未経験の仕事をするときは"成長のとき"です。

第4章　仕事を辞める理由は？

◎研修（指導）は厳しい？

　新人研修は期間も限られており、そのような中で営業力や接客対応のクオリティーを落とさず、新入社員を研修（指導）していかなくてはいけません。お客様の立場からすれば新入社員もベテラン社員も関係なく同様のサービスを求めますので、社会人は学生時代のアルバイトとは異なり徹底した研修（指導）を受けます。新入社員が入社後すぐに退職してしまう理由はその研修（指導）に耐えられない場合も多いです。会社はお客様に対応できる水準に達するまで徹底した研修（指導）を行いますが、これは現場で新入社員が困らないためのものです。現場でのお客様対応はそれほど甘くありませんし、お客様は会社の研修（指導）よりもずっと厳しい視点でその対応を見ています。ただ、研修（指導）についていけないなど、悩みを抱えたときは同僚や家族などに相談したり、趣味などでその気持ちを発散するなど感情を溜め込まないようにしましょう。

〈CASE〉
　専門学校の職員として8年目を迎えるFさんは年齢がさほど変わらない係長との接し方に苦労をしていた。その係長の指示はFさんにとって細か

すぎると感じていた。イベントでは会場設備の度重なる動作確認や登壇いただく講師への事前連絡などFさんとしては「そこまでやる？」と思うくらい細かな指示もあり、仕事が増えるばかりで精神的にも疲弊していた。

　翌年、その係長が急な部署異動になってしまい、Fさんが係長の代わりに責任者としてイベントの準備を任されることとなった。いざ準備を始めるとFさんは係長からの指導が体に染み付いており、終始困ることなくイベントを終えた。必要のない仕事と思っていた講師への事前確認も講師がイベント開催日を勘違いしていたことが判明するなど、リスク回避につながった。

　係長はFさんが独り立ちしたときにそのイベントをマネージメントできるように想定して指導をしていた。係長が新入社員だった頃は与えられた仕事だけをこなし、他の社員の仕事には全く関心がなかった。そのため、仕事が身に付かず自分が独り立ちしたときには、段取り不足でイベントがスムーズに開催できず他のスタッフにたくさんの苦労をかけた経験があった。

〈解説〉

　新入社員は覚える仕事も多く、負荷がかかることも多いのですが、目の前の仕事をがむしゃらに続けることで、気付いたときにはお客様の前で自信をもって商品の説明をしたり、限られた時間で迅速に仕事を処理する能力が身に付いていたりします。つまり置かれた仕事環境に全力で向き合うことが成長のカギでもあります。

　自身に多様性があるように他者も当然ながら多様性があります。上司や先輩社員とは相性もあると思いますので、厳しい指導と感じることもあるでしょう。ただ、入社後の研修（指導）は新入社員を育てることを目的としています。優しい先輩がすべて良いのではなく、時に厳しく指導してもらった先輩が社会人として育ててくれた恩人になることもあります。

〈まとめ〉
・ 徹底した研修（指導）は新入社員を思う気持ちから
・ 時に厳しく指導してもらった先輩が社会人として育ててくれた恩人になる
・ 悩みを抱えたら同僚や家族などに相談しよう。
・ 目の前の仕事を全力で取り組むことが成長のカギ

◎自分を変えていこう

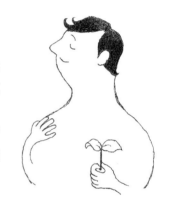

　就職活動で希望の会社に入れなかった新入社員は、「この先やっていけるだろうか？」と気持ちが落ち込むでしょう。また、事務職に就きたかったけれど営業職として配属が決まった新入社員もいるでしょう。さらにいえば、希望通りの会社に入社したが、想像していた働き方と違っていたということもあるでしょう。

　仕事には自分の得意な仕事、苦手な仕事が混在しています。お客様対応が得意であっても事務処理をすることが苦手、または事務処理が得意であっても、部下をまとめることが苦手な社会人もいます。

　また、転職すれば楽しい働き方が期待できるかというとそうではありません。どんな会社でも「希望通りに仕事ができない」ことが起きます。部署異動は会社が決定しますので、自分と働く社員を選ぶことができませんし、同様に仕事内容も上司が決定しますので自分で働く環境を選ぶことができません。そうであれば、ある種開き直りに近いのですが、その環境を受け止め自分自身がどんな状況であっても、それを楽しめる工夫（考え方）をしていけば良いと思います。

　この仕組みを少しでも理解しておけば、仕事で悩みを抱えたときでも「社会人として当然に起こりうること」として自分と向き合えるかも知れません。

〈まとめ〉
・転職しても「希望通りに仕事ができない」ことが起きます。
・今の環境を受入れ、自分を変えていこう
・自分自身が楽しめる工夫を日頃から考えよう

◎ "泣くとき" が "成長のとき"

　就職活動での会社説明会では入社後の希望あふれる話を耳にします。できるだけ多くの学生に受験（エントリー）してもらいたい、そのような気持ちから限られた時間では、どうしても会社の PR が優先され、入社後の仕事でどんな辛いことがあるかは説明をしてくれないものです。

　新入社員が仕事で軌道に乗るまでは様々なことがうまくいかず落ち着かない日々を過ごします。本学卒業生も「悔しくてトイレで泣きました」と報告をしてくれたこともあります。涙を流さずとも心の中でいい表せない悔しい気持ちを持っている新入社員も多いでしょう。ベテラン社員もですが…。

悔しい思いは将来の成長につながります
　実はさきほど述べたような悔しい思いの一つひとつは社会人としての成長につながります。「この仕事、全く前に進まないなぁ」「やっぱり自分の力が足りないのかなぁ」と思った仕事をやり遂げたときは「仕事を知る」機会にもつながります。逆に悔しい思いが全く無いようであれば、自分の知識や経

験がそこで止まってしまい、成長できません。また、相性が合わない上司や同僚と出会ったときは「人を知る」機会となります。さらに、その上司や同僚は他の社員からすれば相性が合う場合もあるので自分にとって相性が合わない原因を探ることで「自分を知る」機会にもつながります。「仕事を知る」「人を知る」「自分を知る」この３つの積み重ねが、仕事への自信やお客様、同僚への心情理解につながり、社会人として大きく成長する一助になります。特に自分が上司になり仕事内容や部下の適正を踏まえ仕事の割り振りをしたり、

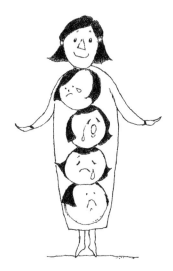

自分が新しい仕事環境で窮地に追い込まれ自分と向き合うときも、その３つの経験が深ければ深いほど生きてくるでしょう。ベテラン社員はそのような過程を経験しています。この悔しい思いは自分だけが持つ感情ではなく、社会人として必ず経験する感情です。

〈まとめ〉

・"泣くとき"が"成長のとき"です。

・悔しい思いは将来の成長につながります。

・「仕事を知る」「人を知る」「自分を知る」は仕事への自信やお客様、同僚への心情理解につながります。

◎退職を決意する前に

　本学では社会人になった卒業生が近況報告をしてくれることがあります。その中には退職をしたいという相談もあります。近年ではまわりの人に相談することなく退職を決意する新入社員も多いので大きな悩みを抱えたときはその感情を人に話をしてみたり、ノートに書き出すなど、時間をかけて自分と向き合ってみると良いでしょう。

悩みを人に話そう

　仕事は複数の社員が関わっています。その過程では相性の合わない社員に出会ったり、苦手な仕事を担当することもあるでしょう。そうすると、時間の経過と共に悩みが蓄積していきます。

　社会人になるとその悩みを軽減するスキルを身に付けることも仕事を覚える以上に重要です。自分の置かれた状況を人に話すことにより、不安が和らいだり、新しい気付きを得たりするので、社会人になったら、その習慣を身に付けたほうが良いでしょう。自分の置かれた状況を人に話すことはその人を苦しめると思う本学卒業生もいました。確かに人の悩みを聴くことはエネルギーが必要ですが、聴いてくれた人が悩みを抱えた場合にはそれ以上の時間を費やして聴いてあげれば良いのです。持ちつ持たれつです。

上司や先輩は各年代で仕事の悩みを抱えていたはずです

　近年、上司や先輩に悩みを相談する新入社員が減ってきているようです。悩みを職場で相談できず来課する本学卒業生も増えています。

　職場の上司や先輩は社会人として多くの経験をして、悩み苦しんできています。近年ではインターネットや社内システムの普及、夫婦共働きの増加や男性にも育児休暇が適用されるなど働き方も変化してきました。しかし働き

方の変化はあれど、先輩達は新入社員と共通の悩みを抱え仕事をしてきたはずです。例えば新入社員時代に初めてお客様を対応したとき、営業結果が振るわなかったとき、仕事が忙しく家族とのすれ違いがあったとき、初めて管理職に就いたときなど、時代は違えど共通の悩みや不安を経験して現在に至っているはずです。悩みを抱えたときは遠慮をせず上司や先輩に相談してみましょう。

いろんな選択肢を考えてみよう

これまで悩みとの向き合い方をお伝えしてきましたが、現実として人間関係の悩みやオーバーワークが続くと、思考能力が低下し、身も心も疲れ、食事も取れなくなることもあります。世間的にも入社してすぐ退職することが自分の中でも考えられない、または新入社員でなくとも家族がいる中で退職を考えられない人もいるでしょう。これまでの話とは矛盾するかもしれませんが、あまりにも辛いときには退職する、または休職するなどの選択肢を考えても良いと思います。絶対退職をしてはいけない、休職してはいけないと世間体を意識しすぎて、逆に疲弊してしまい、退職してしまった本学卒業生もいました。また、選択肢を広げて自分の状況と向き合うことでこれまで視野が狭かった自分に気付き、退職せずに仕事を継続した本学卒業生もいました。

あまり選択肢を狭めすぎないことも重要です

〈まとめ〉

・悩みを人に話そう

・先輩や上司は新入社員と共通の悩みを抱えていたはずです。

・いろんな選択肢を考えてみよう。

第5章　社会人は仕事だけをしている？

◎仕事と私生活

　社会人はその日の仕事が終わると私生活を過ごし、翌朝の出勤を迎えています。親の介護をしている社員、夫婦喧嘩をしている社員、お酒を飲みすぎて失敗してしまう若手社員、アフタースクールでこっそり資格取得に向け勉強をしている社員、保育園の送り迎えや子育てで忙しい朝を過ごしている社員など仕事以外での私生活は関係がないようで実はキャリア形成にも影響しています。

　新入社員は比較的自分の時間を過ごせることが多いのですが、年月が経つにつれ仕事の責任が増えると同時に私生活の環境も変化してきます。

私生活の経験も社会人としての視野を広げます

私生活で様々な人に出会ったり自分にとって経験のないことをするときは、「社会人として視野が広がるとき」でもあります。一例ですが介護や子育てに関わる社会人はその業界の事情にも触れるでしょう。つまり、その私生活での環境変化を意味のある経験として意識することができれば仕事（会社）に対する視野を広げるきっかけになるということです。

夢に向けて挑戦している社会人もいます

将来会社で実現したいことや個人的な目標のために資格取得を目指したり、仕事で必要になることを想定して英会話教室に通う社会人もいます。そのような活動の中では同じ「志し」を持った人と出会うこともあり、自分では気付かなかった価値観（考え方）に刺激を受け、仕事への意欲が高まったり、悩みを抱えている場合はそれが小さなものに感じたりします。

趣味に生きがいを持つ社会人もいます

趣味に生きがいを持つ社会人も多いです。知人と旅行をしたり、料理教室に通う人、マラソン大会に参加する人などそれぞれです。

趣味で集まる友人は、長い期間お付き合いが続くことも多く、私生活やキャリア形成における良き相談役になってくれる場合もあります。また、その趣味で培った感性を仕事で生かす場面もあると思います。

なにより私生活で生きがいを持てていると、日常にメリハリがでて仕事にもより集中することができるでしょう。

〈CASE〉

スポーツメーカーの営業職で 10 年間勤務したのち、人事採用課に部署異動になった G さん、新卒の採用試験に関わることとなった。これまで営業で多くのお客様を担当してきたが、どちらかというと人との会話が苦手で、

面接試験では採用担当として応募学生の良さを引き出せず、「この部署でやっていけるのだろうか？」と悩みを抱えていた。

　あるとき、採用担当向けのセミナーがあり、他社の社員も集まっていた。Gさんはその懇親会で今の悩みを解消するヒントを探ろうと積極的に名刺交換をした。そうすると、参加者にはキャリアコンサルタントの資格を取得している人が多いことに気付いた。Gさんはこの資格は今の仕事に役立つばかりではなく、人との会話が苦手な自分を変えられるのではと考え、資格取得を目指そうと決めた。

　資格試験を受験できる条件として2か月間の全体研修があり、そこには会社の人事採用担当だけではなく、あらゆる業界で働いている社会人、定年退職直前のベテラン社員、主婦、起業家などが参加していた。参加者同士のグループワーク研修では自分より年齢の低い参加者が将来の明確な目標を話す場面や職場で同じ悩みを抱える同世代の社会人にも出会うことができ、Gさんのこれからの働き方の意識を変化させるきっかけとなった。

〈解説〉

　社会人はお給料をもらえるため、自分への投資ができるようになります。自分の目標が見つかれば行動次第で実現できる可能性があります。また、その実現に向け行動することでGさんのように日頃接点がないような人達と出会い刺激を受けることがあります。

〈CASE〉

　人材派遣会社で7年目のHさん、自社に登録している転職希望のクライエントに求人を紹介する仕事をしている。

　あるとき、Hさんが所属する支店の業績が落ち込み、その原因は店舗の出入口が室内の様子も見えずクライエントにとって入店しづらいのではと意見が出た。そこでチームリーダーであったHさんが上司に呼ばれ、その環境

を改善できるアイデアを提案してくれないかと指示があった。これまでその
ような仕事を経験していなかったHさんは頭を抱えた。

　Hさんは学生のころから建築に興味があり、社会人になってからも有名
建築家が建てた住宅や美術館、図書館などを遠方まで見学に行くほどであっ
た。また、商業建築雑誌も愛読しており、集客できる店舗設計については知
識を持っていた。

　Hさんはその知識を生かし出入口をガラス張りに変え、パーテーションだ
けであった相談ブースには間接照明や植栽を配置するアイデアを提案した。
また、家具やインテリアにも関心があり、日頃から雑貨店や家具店を見て
回っていたため、そのメーカーから費用が安くデザインの良い机や椅子を納
品することができた。この改修工事は費用を抑えつつクライアントに心地よ
い空間を提供することが目標であったので上司も理解を示してくれた。

〈解説〉

　このように自分の趣味や私生活で興味関心を持っていたことが、仕事に生
きることもあります。特に趣味は専門性が高いのでその知識が仕事をするう
えで大きな武器になることがあります。

〈まとめ〉
・社会人は仕事をしているだけではありません。
・私生活の経験も社会人としての視野を広げます。
・夢に向けて挑戦している社会人もいます。
・趣味の知識が仕事で大きな武器になることも

あとがき

　本書では新入社員の悩みを中心として解説をしてきましたが、社会人として働くことは自身の可能性を無限大に引き出せることでもあります。社会人になると悩みを抱えるかもしれませんが、その分、未知の自分を発見して大きな達成感ややりがいを感じることもできます。

　就職活動をこれから控えている学生の皆さんにとっては自分がどのような仕事をしたいか明確に想像ができないかもしれません。新入社員のみなさんにとっても担当した仕事でやりがいをすぐには見付けられないでしょう。

　社会に出て働くことは日常の多くを職場で過ごすことになりますので、「人生そのもの」といえます。

　これは私の主観ですが、社会人としての醍醐味は、働きながら自身の性格や得意、不得意に気付き、紆余曲折を経て自分の使命と思えること（仕事それ自体、または仕事以外も含めた目標や志し）に出会うことだと思います。社会人として悩みを抱えることはその使命に気付くための過程であるとも思います。その出会いはいつ訪れるかわかりません。定年後に出会うかもしれませんし、出会わないこともあるでしょう。

学生や新入社員にとっては社会人になると悩みを抱えることも多くネガティブに捉えられがちですが、他の社会人も平等に同じ機会が訪れます。その悩みを前向きに捉えつつ、社会人として活躍していただき、皆さんにいつの日かその出会いが訪れることを願っております。

　本書発行にあたりご尽力いただきました株式会社青簡舎代表大貫祥子氏、そしてご協力いただきました皆様に心より感謝申し上げます。

鶴見大学学生支援事務部

キャリア支援課　課長　西村　勇気

著者紹介

西村勇気（にしむら・ゆうき）

鶴見大学学生支援事務部キャリア支援課課長
キャリアコンサルタント（国家資格）
JCDA認定　CDA（キャリア・デベロップメント・アドバイザー）
1975年生まれ、三重県志摩市出身。駒澤大学経済学部経済学科卒業。
卒業後は学習塾の教室長として会社員となる。教室運営と生徒募集
に携わり、営業の難しさと自分の弱さに直面し退職。その後、フ
リーターとしてサーフショップで働くが、生活苦で挫折。公務員試
験にチャレンジしたが不合格。鶴見大学にはアルバイトとして勤務
を始め、2001年より職員。2009年より現職。
その他著書に『就活、この一冊から』（青簡舎、2016年発行）があ
る。

社会人、この一冊から

2020年3月10日　初版第1刷発行

著　者　　西村勇気

発行者　　大貫祥子

発行所　　株式会社 青 簡 舎
　　　　　　〒101-0051　東京都千代田区神田神保町2-14
　　　　　　電話　03-5213-4881
　　　　　　http://www.seikansha.com

装幀・イラスト 鈴木優子
印刷・製本 モリモト印刷株式会社